Bunter Faden Glück

Gute Wünsche und Gedanken

Ausgewählt und zusammengestellt
von Ilka Osenberg-van Vugt

WAS IST GLÜCK?

Dies ist eine Frage, die zu stellen ich mir schon lange abgewöhnt habe, weil ich keine Antwort darauf habe. Ich stehe da nicht allein. Im Laufe der Jahre bin ich mit vielen Menschen zusammengekommen: mit reichen, armen, mächtigen und solchen, die sich in ihr Schicksal gefügt haben. In allen Blicken, die meinem begegneten, fehlte immer etwas – und ich schließe da Krieger, Gelehrte und Menschen mit ein, denen es wahrlich an nichts fehlte.

Einige dieser Menschen scheinen glücklich zu sein: Sie denken darüber einfach nicht nach. Andere schmieden Pläne: Ich werde einen Mann finden, zwei Kinder haben, ein Haus auf dem Lande. Während sie damit beschäftigt sind, gleichen sie einem Stier, der Ausschau nach dem Torero hält. Sie sehen nichts anderes. Sie schaffen es, sich genau das Auto kaufen zu können, das sie immer haben wollten, vielleicht sogar einen Ferrari, im Glauben, dass darin der Sinn des Lebens besteht, und haben damit alles erreicht, was sie sich vorgenommen haben, aber die Frage, was wirklich der Sinn des Lebens ist, stellen sie sich nie. Und trotzdem liegt im Blick dieser Menschen eine Traurigkeit, von der sie selbst nichts ahnen.

Ich weiß nicht, ob alle unglücklich sind. Ich weiß nur, dass die Menschen ständig beschäftigt sind: Sie machen Überstunden, kümmern sich um Kinder, Partner, Karriere, Universitätsdiplome, denken darüber nach, was sie morgen tun müssen, was sie kaufen müssen,

KLEINE GLÜCKSFRAGE

Die kleine Hand ist ein Händchen,
ein kleines Band ist ein Bändchen.
Die kleine Glocke ist ein Glöckchen,
ein kleiner Rock ist ein Röckchen.
Ein kleiner Faden ist ein Fädchen,
doch eine kleine Made ist
beileibe kein Mädchen!
Ein kleines Stück ist ein Stückchen,
doch das kleine Glück,
ist es wirklich nur ein Glückchen?
Das scheint mir doch zu kurz gedacht,
denn ist es nicht das kleine Glück,
das uns oft riesengroße Freude macht?

Angelika Wolff

GLÜCKSMOSAIK

Warte nicht
auf das große Glück
du könntest es versäumen
sammle jeden Tag ein Stück
und folge deinen Träumen
ein Lächeln hier
ein Glücksfall dort
ein Freudentanz
ein nettes Wort
ein gutes Buch
oder Musik
welch wunderbares
Glücksmosaik

Anna Tomczyk

EINFACH MAL DIE WELT VERÄNDERN

Über einen quietschegelben Schmetterling lachen,
die letzte Erdbeere aus der Schüssel erobern,
die Herzchenbettwäsche aus dem Schaufenster kaufen,
den Deich herunter kugeln, bis ins frische Heu,
einen leeren Sandstrand mit Liebesgedichten
vollschreiben,
ein kleines Kind hochhalten, damit es im Zoo
die Elefanten sieht,
ganz wild den Spiegel küssen, bis er beschlägt,
riesige Seifenblasen machen, mitten auf der
Fußgängerzone,
erst bei Sonnenuntergang das Bett verlassen,
und die Nacht feiern.

Was immer du tun kannst, mach es und staune,
wie sich deine Welt verändert.

Cornelia Elke Schray

VOLLER GLÜCK

Wieder so ein Morgen
an dem der Himmel
seine schönsten Worte
an mich verliert
und sie nie mehr
zurückhaben will

Wieder so ein Tag
an dem die Hände von alleine
wissen wie das Gute geht
und das Schöne
und der Kopf ruht
im Frieden

Wieder so ein Abend
an dem seidenes Mondlicht
in mein Haus fällt
und mich kleidet
mit einer Nacht
aus Sternen

Manchmal ist das Leben
einfach Glück

Cornelia Elke Schray

FREI

Der Tag gehört mir,
Ich schließe die Tür.
Heut pfeif ich auf sämtliche Pflichten!

Ich bleibe zu Haus,
Hol mein Lieblingsbuch raus,
Tapeziere die Wand mit Gedichten.

Ich les sie mir vor,
Ich hab sie im Ohr,
Ich will sie im Innersten spüren.

Bis ich irgendwann
Sie auswendig kann,
Jetzt kann ich sie nicht mehr verlieren.

Und nun wird es Zeit, jetzt bin ich bereit.
Ich öffne die Tür,
Der Tag gehört mir.

Doris Bewernitz

REICHLICH GUTES UND GLÜCK

Ich wünsche dir viele Arme,
die dich bergen und lieben.

Ich wünsche dir wilde Blumen,
die deine Augen strahlen lassen.

Ich wünsche dir sonnige Tage,
die alles, aber auch alles erhellen.

Ich wünsche dir eine Begegnung
mit den Engeln, die dich tragen.

Ich wünsche dir gute Träume,
sie sind der Atem des Lebens.

Ich wünsche dir vom Glück,
täglich ein buntes großes Stück.

Cornelia Elke Schray

DAS WORT GLÜCK

Es ist eins von den Wörtern, die ich immer geliebt und gern gehört habe. Mochte man über seine Bedeutung noch so viel streiten und räsonieren können, auf jeden Fall bedeutete es etwas Schönes, etwas Gutes und Wünschenswertes. Und dementsprechend fand ich den Klang des Wortes.

Ich fand, dieses Wort habe trotz seiner Kürze etwas erstaunlich Schweres und Volles, etwas, was an Gold erinnerte, und richtig war ihm außer der Fülle und Vollwichtigkeit auch der Glanz eigen, wie der Blitz in der Wolke wohnte er in der kurzen Silbe, die so schmel-

zend und lächelnd mit dem GL begann, im Ü so lachend ruhte und so kurz, und im CK so entschlossen und knapp endete. Es war ein Wort zum Lachen und zum Weinen, ein Wort voll Urzauber und Sinnlichkeit; wenn man es recht empfinden wollte, brauchte man nur ein spätes, flaches, müdes Nickel- oder Kupferwort neben das goldene zu stellen, etwa Gegebenheit oder Nutzbarmachung, dann war alles klar. Kein Zweifel, es kam nicht aus Wörterbüchern und Schulstuben, es war nicht erdacht, abgeleitet oder zusammengesetzt, es war eins und rund, war vollkommen, es kam aus dem Himmel oder aus der Erde wie Sonnenlicht oder Blumenblick. Wie gut, wie glücklich, wie tröstend, dass es solche Wörter gab! Ohne sie zu leben und zu denken, wäre Welke und Verödung, wäre wie Leben ohne Brot und Wein, ohne Lachen oder Musik.

Hermann Hesse

IMMER NAH

das kleine Glück ist immer nah
es blüht in einem Blumenbeet
im Kinderlachen ist es da
und manchmal wenn ein Wind leis weht
kühlt's deine überhitzten Wangen
dann kannst du wieder von vorn anfangen
das kleine Glück für dich zu suchen
es liegt vielleicht im Apfelkuchen
bei deiner Nachbarin
an einem Winterabend
am knisternden Kamin
ach, überleg doch selber mal
ich überlasse dir die Wahl
für dich das kleine Glück zu finden
du brauchst nur alle Sinne loszubinden
viel Glück!

Eva-Maria Leiber

Rückw. Mitte Naht
Fadenlauf
Teil 28
Stepplinie
Gummizug
Teil 8
Fadenlauf
Teil 21
von * bis * einreihen
Teil 21
Stoffbruch
Fadenlauf
Teil 39

EIN GLÜCKLICHER MENSCH

Kennst du die Formel vom Glück? Sie ist nicht zu kaufen, sonst wären alle Reichen glücklich. Sie ist nicht im Handel, und man kann sie auch nicht wie eine Pille oder ein Pulver einnehmen. Für alles in unserer Welt haben wir eine Formel gefunden, außer für das Glück. Wäre sie auf Knopfdruck zu bekommen, dann würden wir sie schon längst haben.

Die Formel des Glücks kommt allein aus dem Herzen. Aber nur aus einem Herzen, das gegen alles Gewohnte einfach und ehrlich ist, gütig und den Frieden liebend, das nicht immer fordert, aber immer bereit ist, zu geben. Geh mal in dein eigenes Herz und schau nach, was dort deinem Glück im Wege steht.

Glück ist unbezahlbar. Glück kann man nicht kaufen. Zum Glück! Geld ist notwendig, um menschenwürdig zu leben. Aber Geld kann uns nicht glücklich machen, ja, es kann zum größten Hindernis für unser Glück werden.

Wer glücklich werden möchte, muss einen Preis bezahlen.

Der Preis für unser Glück ist: Wir müssen uns selbst geben. Nicht mehr und nicht weniger. Sich selbst geben darf nicht aus verkapptem Geltungsbedürfnis geschehen oder als verkrampfte Selbstaufopferung. Sich

selbst geben geht nur in Freiheit, möglichst mit Freude und immer aus Liebe. Und dann ist auf einmal mein Glück da: als Schatten meiner Liebe. Ein glücklicher Mensch ist mit sich im Reinen, und so kann er Frieden verbreiten bei den Menschen, unter denen er lebt.
Er sieht Menschen gern, denn er hat gute Augen für die guten Seiten der anderen. Ein glücklicher Mensch ist weder in seine Probleme noch in seine Illusionen verliebt.
Er denkt nicht, Glück sei wie das große Los in der Lotterie, sondern er weiß: Glück ist wie ein Schatten, der dir folgt, wenn du nicht daran denkst. Glück ist wie ein Echo, das dir antwortet, wenn du dich selbst gibst. Ein glücklicher Mensch ist niemals ein gefährlicher Mensch. Er weiß: Glück besteht aus vielen Teilen, und ein Teil ist immer zu kurz. Aber er starrt nicht auf das, was ihm fehlt, sondern freut sich über das, was er hat.

Phil Bosmans

SONNE AUF DEM BROT

Mein Großvater war ein Steinkohlebergmann, der tausend Meter tief unter der Erde arbeitete. Morgens, wenn die Sonne aufging, fuhr er ins Bergwerk ein, und abends, wenn sie unterging, fuhr er aus, sechs Tage in der Woche – vierzig Jahre lang. Einer der schönsten Augenblicke seines Lebens sei gewesen, als er nicht mehr habe einfahren müssen und an einem Wochentag plötzlich die Sonne auf dem Brot gehabt habe.

Reiner Kunze

UNBEZAHLBAR

Blumen zum Selbstpflücken
steht auf dem Schild
und ich hole mir einen
ganzen Arm voll Sonne
ins Leben

Als ich das Geld
ins Kästchen werfe
denke ich

unbezahlbar
dieses Glück

Cornelia Elke Schray

LEBENSFÄDEN

Ich schaue auf mein Leben
und sehe all die verschiedenen Fäden,
wie sie miteinander verbunden sind
und ein ganz eigenes Muster ergeben.
Helle und dunkle Farben, Farben,
die ineinander übergehen.
Dicke und dünne Fäden,
auf unterschiedliche Art miteinander verwoben.
Sie alle sind Teil von mir.
Sie alle ergeben mein eigenes Muster.
Die Farben, die mein Leben bekommen hat.
Die Farben, die ich meinem Leben gegeben habe.

Aber nicht alle Fäden habe ich selbst in der Hand.
Manche habe ich einflechten müssen,
ohne dass ich sie mir ausgesucht habe.
Manche sind mir verloren gegangen,
obwohl ich sie so gerne festgehalten hätte.
Mit manchen konnte ich wenig anfangen.
Manche sind gerissen.

Und doch ist es schön, auf das Ganze zu schauen.
Zu sehen, was da entstanden ist.
Zu sehen, was ich geschafft habe.
Zu sehen, was zu mir gehört, und zu lächeln.
Es ist gut so, wie es ist.

Michaela Deichl

MUSTER

Irgendwann erkennst du das Muster
Irgendwann wird sichtbar, was dich geprägt hat
Irgendwann verwachsen die Spuren
zu einem Gesamtbild
Irgendwann siehst du dich vom Leben ge-zeichnet

Und irgendwann brauchst du ein Ja
Ein liebevolles Betrachten deines Musters
Ausgesöhnt mit deinem Vergangenen
Ein „So-stehen-lassen" deiner Spuren
Ein Ja zu deinem Leben.

Andrea Abele

AN MANCHEN WEGEN

An manchen Wegen
blühen Begegnungen
mir zu
trinke ich Schattenstunden
teile das Brot
von Licht und Staub
vieler Pfade
und knüpfe
meinen Faden
ins Geschichtennetz
Wenn ich aufbreche
wächst ihr Schatten
noch lange schützend mit
auf meinem Weg
und hinter vielen Biegungen
wird der Wind
mir immer wieder
schicken
ein Lächeln
dieser Augenblicke
das in meinem Herzen
Wurzeln schlägt

Isabella Schneider

DAS GEFLECHT

Manchmal stelle ich mir die Verbindungen zu allen Menschen, die ich kenne, wie Fäden vor. Da gibt es lange und kurze Fäden, dicke und dünne, hin und her gehen sie, hinüber und herüber, das gibt ein schönes, buntes Geflecht.
Manche dieser Fäden beachtet man nicht weiter. Verlässt sich einfach auf sie. Sie waren schon immer da, werden immer da sein, wirken wie etwas Selbstverständliches. Andere wiederum betrachtet man mit Sorge, weil sie so zerschlissen aussehen. Aber dann erweisen sie sich als erstaunlich haltbar, obwohl hauchdünn, sind sie zäh und stabil. Wieder andere dagegen, die man geradezu für Schiffstaue hielt, unverbrüchlich, lösen sich plötzlich ins Nichts auf oder zerreißen von einem Moment auf den anderen. Das sind Abschiede, die weh tun.
Doch nie fällt man ganz. Auch wenn der Schreck des freien Falles heftig sein kann, immer landet man letztlich doch wieder in diesem lebendigen Geflecht aus vielen und vielen Fäden, das einen auffängt. Gott sei Dank.

Doris Bewernitz

SEILFREUNDSCHAFT

Ein Netz habe ich geknüpft
mit Mutwörtern und Liebesliedern,
mit Hoffnungsgeschichten und Glückstönen,
mit Sichtbarem und Geheimnisvollem,
mit Licht und Liebe.

Ich knote weiter
mit Bändern
in den Farben des Regenbogens.

Und mit mir
verweben andere
gute Wünsche ins Netz
und schnüren Schönes hinein.

Geh über das Netz der Liebe.
Tanze über die Seile der Freundschaft.
Lege dich in die Taue der Zuwendung.

Trau Dich!
Das Netz wird dich tragen!

Und einer ist da,
der dich trägt,
wenn unsere Stricke reißen.

Maria Hagenschneider

AN EINEM STRICK

an einem strick wollen wir ziehen
gemeinsam etwas erreichen
denn einigkeit macht stark

warum aber
geht es nicht vorwärts?
ratlos alle augen
eifriger ziehen wir
geben alle kraft hinein
bis das seil reißt
das uns verband

und wir verwirrt verstehen:
an einem strick ziehen reicht nicht
es muss in die gleiche richtung sein

Maria Sassin

GLÜCKSMASCHEN

Das ist meine Masche bei Zugreisen:
Farben und Gesichter anschauen
Eines auswählen
Es anlächeln und ansprechen
Mich dazusetzen

Dann eine Gesprächsschlaufe legen
Gemeinsames Lachen hinzufügen
Und den Faden weiterspinnen
Bis eine rote Decke daraus wird

Beim Aussteigen die Decke durch zwei teilen
Und das Allerbeste wünschen
Meine Hälfte um die Schultern legen
Damit sie mich auch morgen noch wärmt

Carola Vahldiek

Ich habe ein paar Blumen für dich
nicht gepflückt,
um dir ihr Leben mitzubringen.

Christian Morgenstern

VON ROSEN UND GÄNSEBLÜMCHEN

Der einst prächtige Garten Gottes lag im Sterben. An den Bäumen vertrockneten mitten im Frühling die Blätter, an den Büschen verwelkten die Blüten noch bevor sie richtig zu blühen begannen, und die Blumen ließen ihre Köpfe hängen oder lagen geknickt auf der Erde.

Fassungslos fragte Gott die Eiche, was los sei, und die Eiche antwortete ihm, sie stürbe, weil sie keine Trauben tragen könne. Als Gott zum Weinstock ging, schüttelte der traurig seine kahlen Äste und flüsterte, er müsse sterben, weil er nicht so groß wie eine Zypresse werden könne. Und die Zypresse lag in den letzten Zügen, weil sie nicht blühen und duften konnte, wie eine Rose. Die Rose dagegen wollte nicht länger leben, weil die Schönheit ihrer Blüte nur kurze Zeit anhielt. Schließlich fiel Gottes Blick auf eine kleine Pflanze mitten auf der Wiese, die sich im Wind wiegte und glühte und so frisch wie immer wirkte.

„Wie kommt es, dass du als einziges blühst?“, fragte Gott das Gänseblümchen.

„Ich denke mir, wenn du eine Rose oder einen Weinstock, eine Eiche oder einen Lotos statt meiner gewollt hättest, dann hättest du sie gepflanzt. Und wenn du mich nicht haben wolltest, so hättest du mich ausgerissen. Vor allem aber, weil ich ohnehin nichts anderes sein kann, als das, was ich bin, genieße ich es voll und ganz, ein Gänseblümchen zu sein.“

Unbekannter Verfasser

GLÜCK FÜR DIE WOCHE

Montag Mut-Tag
Dienstag Sonne
Mittwoch Hut-Tag
Donnerstagswonne
Freitagsfreude
Samstagszeit
Sonntagsfreiheit
Leichtigkeit

Anna Tomczyk

ACHTE GUT AUF DIESEN TAG

Achte gut auf diesen Tag, denn er ist das Leben –
das Leben allen Lebens.

In seinem kurzen Ablauf liegt alle
Wirklichkeit und Wahrheit des Daseins,
die Wonne des Wachsens, die Größe der Tat,
die Herrlichkeit der Kraft.

Denn das Gestern ist nichts als ein Traum
und das Morgen erst eine Vision.

Das Heute jedoch – recht gelebt –
macht jedes Gestern zu einem Traum
voller Glück
und jedes Morgen zu einer Vision
voller Hoffnung.
Darum achte gut auf diesen Tag.

Dschela ed-Din Rumi

ALLES LEBEN IST IM AUGENBLICK

Ich möchte noch etwas über das Glück sagen. Was ist das Geheimnis des Glücks? Wo erfüllt sich das Glück? Im Augenblick. Alles Glück ist im Augenblick. Was steht dem Glück entgegen? Die Abweichung vom Augenblick. Entweder, weil man zurückschaut, oder nach vorne. Dann vergisst man den Augenblick. Dann hat man mit dem Augenblick auch das Glück des Augenblicks vergessen. Im Augenblick zu bleiben ist eine hohe Disziplin, die wir üben können.

Alles Leben ist im Augenblick, nur im Augenblick. Im Augenblick ist es voll da. Im Augenblick, jetzt, ist das Leben erfüllt. Wir machen das Herz weit für diesen Augenblick, freuen uns an diesem Augenblick, dankbar für diesen Augenblick.

Im Augenblick gibt es kein Bedauern, auch keine Furcht. Alle Furcht ist in der Zukunft angesiedelt. Alles Bedauern ist in der Vergangenheit angesiedelt. Im Augenblick sind wir ohne Bedauern und ohne Furcht. Warum sind Kinder oft so glücklich? Weil sie nur im Augenblick sind.

Ich möchte noch etwas über den Augenblick sagen. Von Augenblick zu Augenblick leben heißt auch von Augenblick zu Augenblick sterben. Man lässt in jedem Augenblick das Alte zurück.

Bert Hellinger

Ich fürchte, Glück ist meistens ein Zustand,
den man erst dann zu beschreiben
und zu erkennen vermag,
wenn man ihn verloren hat.

Giovanni di Lorenzo

LEBENSWEISHEIT DER SEIFENBLASEN

Sich von einem kleinen Hauch
beleben und bewegen lassen
mutig loslassen zu ungeahnten Wegen

Von der Luft getragen
die Erdenschwere vergessen
schwebend in den Himmel tanzen

In allen Traumfarben schillern
in weiten Räumen
lachen, sich freuen, Freiheit leben

Spielen und Mitspielen
kurze Weile haben
erfüllte Augenblicke genießen

Zerbrechliche, gefährdete
dünnhäutige Kunstwerke

Sie lassen sich nicht festhalten
diese Boten des unwiederbringlichen
JETZT

Bernhard Kraus

DAS KÖSTLICHSTE

Die besten Dinge im Leben sind die nahesten: der Atem zwischen deinen Nasenflügeln, das Licht in deinen Augen, die Blumen zu deinen Füßen, die Pflichten in deinen Händen, der richtige Weg direkt vor dir. Hasche folglich nicht nach den Sternen; vollbringe vielmehr die schlichte, einfache Aufgabe des Lebens, wie sie sich dir stellt. Handle mit der Gewissheit, dass die täglichen Pflichten und das tägliche Brot das Köstlichste sind, was das Leben zu bieten hat.

Robert Louis Stevenson

Dem Glück einen Namen geben

Vergangenes versöhnt betrachten,
Gegenwärtiges bewusst wahrnehmen,
Zukünftiges sorgenfrei erwarten:
Wenn alles zusammen in dir zu sprühen beginnt,
beginnt das Glück.

Andrea Abele

MIX
Papier aus verantwortungsvollen Quellen
FSC® C043106
www.fsc.org

Mit Texten von:
Andrea Abele: S. 22, 39 © bei der Autorin. **Doris Bewernitz**: S. 10, 24 © bei der Autorin. **Phil Bosmans**: S. 16f Ein glücklicher Mensch, aus: Ders., Blumen des Glücks musst du selbst pflanzen, © Verlag Herder GmbH, Freiburg im Breisgau 2008. **Paulo Coelho**: S. 3f Was ist Glück, aus: Ders., Der Alchimist, Diogenes Verlag, Zürich, S. 67 © Sant Jordi Asociados, Agencia Literaria, Barcelona, Spanien. **Michaela Deichl**: S. 21 © bei der Autorin. **Maria Hagenschneider**: S. 26 © bei der Autorin. **Bert Hellinger**: S. 34, aus: Ders., Glück, das bleibt © Verlag Herder GmbH, Freiburg 2012. **Hermann Hesse**: S. 12f Das Wort Glück, aus: Ders., Glück. Späte Prosa – Betrachtungen, © Suhrkamp Verlag, Frankfurt am Main 1984. **Bernhard Kraus**: S. 36 © beim Autor. **Reiner Kunze**: S. 18 Sonne auf dem Brot, in: Spielplatz, aus: Ders., Am Sonnenhang, © S. Fischer Verlag, Frankfurt a. M. 1993. **Eva-Maria Leiber**: S. 14 © bei der Autorin. **Maria Sassin**: S. 27 © bei der Autorin. **Isabella Schneider**: S. 23 © bei der Autorin. **Cornelia Elke Schray**: S. 8, 9, 11, 19 © bei der Autorin. **Anna Tomczyk**: S. 7, 31 © bei der Autorin. **Carola Vahldiek**: S. 28 © bei der Autorin. **Angelika Wolff**: S. 6 © bei der Autorin.

Mit Fotos von:
iStock / **naminframe** (Umschlag), iStock / **CPaulussen** (Umschlag, S. 2, 5, 6, 8, 11-13, 17, 18, 23, 24, 27, 31, 35-37, 39), plainpicture / **Anja Weber-Decker** (S. 1, 13, 15, 27), shutterstock / **Alla Maistrenko** (S. 5, 10, 12, 28, 35, 38/39), shutterstock / **Karina Bakalyan** (S. 6, 9, 10, 21, 22, 26, 29, 33, 34), fotolia / **Melica** (S. 7, 18), iStock / **vesmil** (S. 8, 25, 29, 37), shutterstock / **Tatiana Neelova** (S. 5, 14, 19), iStock / **irina-k-ch** (S. 16), iStock / **volkovslava** (S. 20), iStock / **xxmmxx** (S. 22), shutterstock / **Opas Chotiphantawanon** (S. 32).

ISBN 978-3-86917-561-4

ein Unternehmen der Verlagsgruppe Patmos
in der Schwabenverlag AG, Ostfildern
Im Alten Rathaus/Hauptstraße 37
D-79427 Eschbach/Markgräflerland

www.verlag-am-eschbach.de

Gestaltung, Satz und Repro: Angelika Kraut, Verlag am Eschbach
Schriftvorlagen: Ulli Wunsch, Wehr
Herstellung: Grafisches Centrum Cuno GmbH & Co. KG, Calbe

Manufakt
Dieser Baum steht für umweltschonende Ressourcenverwendung, individuelle Handarbeit und sorgfältige Herstellung.